JN408505

24분 편의점

김희남 글

오랫동안 어린이책 만드는 일을 하다가 지금은 아이들에게 지식과 정보를 어떻게 하면 쉽고 재미있게 전달할까 고민하며 글을 쓰고 있습니다. 지은 책으로는 《수학식당 1, 2, 3》, 《할까 말까?》, 《로봇 강아지 딩코를 코딩하라!》, 《노래로 배우는 맨처음 한국사송》, 《응가 빙수》 등이 있습니다.

이유진 그림

선입견 없이 진지한 호기심을 가진 아이들처럼 다양하고 행복하게 그림책을 만들고 있습니다. 요즘은 편사장과 알바생 기냥이의 모험에 푹 빠져 무척 즐거운 시간을 보내고 있답니다. 쓰고 그린 책으로는 《마음 체조》, 《초록 뱀이 꾸울꺽!》, 《우리 동네 꾹꾹 도사》, 《내 친구 붕붕 도사》 등이 있습니다.

 사파리출판사 홈페이지에서
《24분 편의점》 독서 활동 자료를 다운받으세요!
책 읽는 재미가 쑥쑥 자라나요!

과학동화

24분 편의점

❸호 극장점 그림자 귀신 대소동

김희남 글 | 이유진 그림

사파리

| 차례 |

1. 수상한 극장 8

2. 밤눈이 작전 개시 17

3. 어둠이 무서워 30

4. 할머니 또는 괴물 43

5. 작아져라, 반사 반사 55

6. 귀신이 나타났다 65

7. 영사실의 비밀 **78**

8. 또다시 부릉부릉 **93**

• 알바생 기냥이의
  3호점 알바 생생 체험기 **98**

• 맛있게 과학을 즐기는 법 **101**

• 24분 편의점 깜짝 쿠폰 **103**

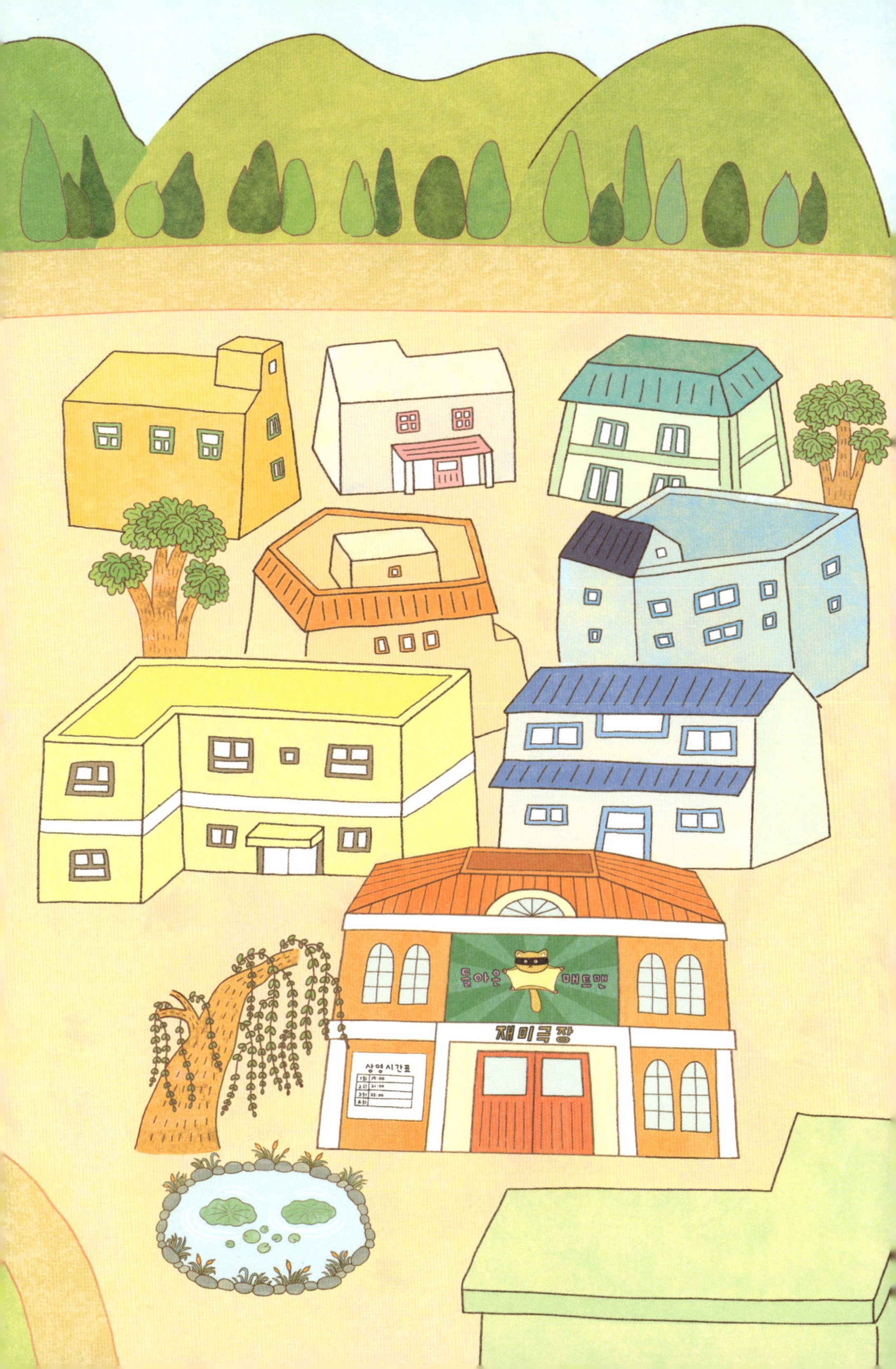

돌아온 매트맨
재미극장
상영시간표
1회 19:00
2회 21:00
3회 23:00
4회

수상한 극장

어느 한적한 마을, 오래된 극장 앞에 버스 한 대가 서 있어요. 자세히 보니 일반 버스가 아니에요. 알록달록 차양 위에 달콤 짭짤한 간식과 시원한 음료 그림으로 꾸민 가게예요.

버스에는 작은 간판이 달려 있었어요.

"자, 어서 와요. 하루에 딱 24분만 문을 여는 24분 편의점이라오!"

24분 편의점 사장 '편사장'이 버스 문을 활짝 열고 나왔어요. 그 뒤를 이어 빼꼼! 알바생 '기냥'이도 고개를 내밀었어요.

편사장이 주변을 요리조리 둘러보다 중얼거렸어요.

"어째 극장 앞이 썰렁하네그려."

편사장과 기냥이는 극장으로 다가가 뿌연 유리창 너머 안쪽을 들여다보았어요.

"사장님, 혹시 문 닫은 극장이 아닐까요? 그러니까 뭐더라…, 폐허? 폐기? 폐렴?"

"폐업이겠지!"

"아, 맞아요! 그러니까 폐업한 게 아닐까요?"

"그건 아닌 것 같구나. 저길 보렴."

편사장이 상영 시간표를 가리켰어요.

"아하! 저녁 7시가 첫 상영이네요? 영화 시작하려면 아직 멀어서 조용했나 봐요."

기냥이는 그제야 고개를 끄덕였어요.

편사장과 기냥이는 극장 안으로 들어갔어요.

극장 안은 무척 어두컴컴했어요. 온통 오래된 영화 포스터랑 옛날 사진들이 낡은 액자 속에 걸려 있었어요.

편사장과 기냥이가 사진들을 하나하나 구경하고 있는데 뒤에서 싸늘한 목소리가 들려왔어요.

"헴! 좀 비켜 주시겠습니까?"

인상이 꽤 날카로운 청소부가 비질하며 싸늘하게 말했어요. 극장을 관리하는 깔끄미 씨였어요.

"에구, 청소하는데 방해해서 죄송하구려. 혹시 극장 앞에 새로 생긴 '24분 편의점'을 보셨소? 제가 바로 편의점 사장 '편사장'이라오."

"저는 알바생 기냥이랍니다!"

"흥, 안 궁금한데요."

깔끄미 씨의 차가운 반응에 편사장과 기냥이는 멋쩍어 어깨를 으쓱했어요.

"아, 그러시죠? 그래도 기~냥 궁금하실 것 같아서, 기~냥 먼저 말씀드린 거예요…. 헤헤."

기냥이는 '기~냥'이라고 말할 때마다 유독 콧구멍을 크게 벌렁벌렁댔어요.

"하나도 안 궁금한 데다 바쁘니까 기~냥 나가 주시겠어요? 청소 방해하지 마시고요."

깔끄미 씨는 일부러 빡빡 비질을 해 대며 뿌연 먼지를 일으켰어요.

기냥이와 편사장은 쫓겨나다시피 극장 밖으로 나오고 말았어요.

"어이쿠, 그 양반 참 까칠하시네."

"혹시 어디가 아파서 그러신 건 아닐까요?"

이윽고 24분 편의점이 오래된 극장 앞에서 다시 문을 열었어요. 이번엔 어떤 손님들이 찾아올까요?

밤눈이 작전 개시

극장 앞에는 작은 연못이 있었어요. 그런데 둥둥 떠 있는 연잎 사이로 공기 방울이 계속 뽀글뽀글 올라왔어요.

"어푸! 어푸! 도저히 못 참겠다."

"나도! 나도!"

쌍둥이 형제 팥붕과 슈붕이 연못 위로 불쑥 올라왔어요. 참았던 숨을 연신 헉헉 내쉬었어요.

팥붕과 슈붕이 누구냐고요? 바로 행방불명된 천재 과학자 '노별 박사'를 애타게 찾고 있는 맨붕 박사의 부하이자 제자들이에요. 쌍둥이 형제는 편사장이 노별 박사가 아닐까 강하게 의심하고 있어요. 그래서 연잎으로 변장한 채 연못 안에 숨어 24분 편의점을 몰래 지켜보고 있었답니다.

"우리 몇 시간째 이러고 있었던 거지?"

"아유, 퉁퉁 불었잖아. 이러다 진짜 붕어가 되겠어."

"붕어 얘기하지 마. 붕어빵 먹고 싶으니까. 쩝!"

그때 저벅저벅, 누군가 다가오는 소리가 들렸어요.

"앗! 누가 오고 있다! 숨어!"

 팥붕과 슈붕은 황급히 연잎을 쓰고 연못 속으로 쑥 들어갔어요.

 발걸음 소리의 주인공은 깔끄미 씨였어요. 빗자루를 들고 나온 걸 보니, 극장 앞까지 싹싹 청소하려나 봐요. 어? 그런데 깔끄미 씨가 청소는 하지 않고 커다란 아름드리나무로 살그머니 다가가지 뭐예요.

　잠시 뒤 모자를 푹 눌러쓰고 까만 선글라스를 낀 사람이 슬며시 나타났어요.

　"깔끄미 씨?"

　수상한 남자는 깔끄미 씨에게 무어라고 속닥속닥 귓속말을 하더니 봉투를 쓱 건넸어요. 깔끄미 씨가 두리번거리며 봉투를 잽싸게 호주머니에 넣었어요.

　팥붕과 슈붕은 숨죽인 채 이 광경을 지켜보았어요.

　"저 사람들 뭐 하고 있는 거지?"

　"중고 거래 하는 거 아닐까?"

어느새 캄캄한 밤이 되었어요. 팥붕과 슈붕은 연못에서 살금살금 빠져나와 잠망경으로 편의점을 몰래 들여다보았어요. 그런데 문제가 생겼지 뭐예요.

"뭐야! 아무것도 안 보이잖아?"

"박사님이 고장 난 잠망경을 주셨나 봐!"

팥붕과 슈붕은 잠망경을 마구 치고 흔들었어요.

그 순간 손목시계에서 "삐삐! 삐삐!" 요란한 신호와 함께 맨붕 박사의 모습이 공중에 나타났어요.

"아이고, 팥붕아, 슈붕아! 대체 언제까지 그럴 거야? 캄캄한 밤에 잠망경이 보일 리 없잖아! 설마 빛이 있어야 물체를 볼 수 있는 눈의 원리도 아직 모르는 건 아니겠지?"

쌍둥이 형제는 잔뜩 화가 난 맨붕 박사의 다그침에도 아랑곳없이 자신만만하게 대답했어요.

"당연히 알죠."

"눈을 뜨면 보이고 감으면 안 보인다!"

"맙소사! 어이가 없군. 좋다, 삼지선다로 퀴즈를 내서 맞힐 기회를 주마."

책상 위에 사과가 놓여 있다. 자, 우리 눈은 어떻게 사과를 볼 수 있는 걸까?

1 눈에서 빛이 나와서

2 눈에서 나온 빛과 사과에서 나온 빛이 서로 만나서

3 전등이나 태양에서 나온 빛이 사과에 부딪쳐 되돌아 나와 우리 눈으로 들어와서!

팥붕이 먼저 대답했어요.

"팥붕, 팥붕! 정답은 1번입니다!"

"땡! 아니야."

"어, 박사님 눈에서 빛이 나오는 걸 제가 똑똑히 봤는데요? 화가 날 때마다 눈에서 레이저 광선을 마구 내뿜으시잖아요. 찌릿찌릿!"

"뭐라고? 진짜 레이저 광선이 뭔지 보여 줘?"

그때 슈붕이 자신 있는 목소리로 소리쳤어요.

"슈붕, 슈붕! 정답은 3번입니다!"

"오, 슈붕! 정답을 맞히다니 정말 대견하구나. 왜 3번이라고 생각했는지 이유도 설명해 볼까?"

"스승님께서 가장 긴 게 답이라고 하셨거든요."

"스승님? 스승님이 누군데?"

"누구라뇨? 바로 맨붕 박사님이죠. 정답을 모를 땐 무조건 가장 긴 걸 찍으라고 하셨잖아요."

"어이쿠, 그럴 줄 알았다! 우리가 물체를 볼 수 있는 건 햇빛이나 전등과 같은 광원에서 나온 빛이 물체에 반사되어 우리 눈에 들어오기 때문이잖아."

태양, 촛불, 전등처럼 스스로 빛을 내는 것을 '광원'이라고 해.
광원에서 나온 빛은 우리 눈으로 들어와 바로 볼 수 있어.

그렇다면 사과는 어떨까?
사과는 스스로 빛을 내지 못해.
그러니까 광원이 아니지.
그런데도 우리가 사과를
볼 수 있는 건…!

광원에서 나온 빛이 사과에 부딪쳐 되돌아 나와
우리 눈으로 들어오기 때문이야.

이렇게 빛이 물체에 부딪쳐 반대 방향으로 되돌아 나오는 현상을
'빛의 반사' 라고 해.

아하!
빛의 반사 때문에 사과를
볼 수 있는 거군요!

그래! 이제야 내 제자들답군.

재밌어요!

"박사님! 그럼 캄캄해서 빛의 반사가 되지 않으니까 이만 철수해도 될까요?"

"철수라니? 내 사전에 철수란 없다! 그래서 미리 준비해 두었지. 위를 보아라."

그 순간 매미처럼 생긴 로봇 택배 요원이 머리 위에서 물건을 뚝뚝 떨어뜨렸어요.

"받아랏, 맴!"

팥붕과 슈붕은 엉겁결에 물건을 받았어요.

"박사님, 이게 뭐예요?"

"밤눈이 안경이다. 사람과 동물 몸에서 나오는 '적외선'을 감지하는 안경이지."

맨붕 박사는 팥붕과 슈붕에게 버럭 화를 냈어요.

"왜 꾸물거리고 있어! 어서 밤눈이 안경을 쓰고 노별 박사를 잡아 오지 않고!"

"네, 알겠습니다!"

"밤눈이 작전 개시!"

어둠이 무서워

24분 편의점 극장점에 첫 손님이 찾아왔어요. 잔뜩 겁에 질린 올빼미 오들 씨였어요. 기냥이는 허겁지겁 들어오는 손님을 반갑게 맞이했어요.

"어서 오세요! 하루에 딱 24분만 문을 여는 24분 편의점입니다. 무엇이 필요하세요? 말씀만 하세요. 없는 거 빼고 다 있답니다."

오들 씨가 자꾸 문밖을 힐끔거리며 말했어요.

"아! 그, 그러니까 제가…, 요 앞 극장에 영, 영화를 보러 왔거든요. 그런데 급히 필요한 게 있어서요."

"아하, 그럼 팝콘이 필요하시겠네요?"

"네? 팝콘요? 그, 그, 그것도 좋겠군요. 팝콘 하나 주세요! 그리고…."

"네! 잠시만요!"

오들 씨가 머뭇거리는 사이, 기냥이는 휘릭 조리용 팝콘을 가져왔어요.

"우리 사장님이 팝콘은 2분 30초 동안 돌려야 한다고 하셨어요."

기냥이는 팝콘 봉지를 앞발가락으로 잡더니 공 돌리듯 기~냥 뱅뱅 돌리기 시작했어요. 그러다 너무 힘든지 숨을 헉헉대며 중얼거렸어요.

"아이코, 힘들어. 2분 30초가 엄청 기네."

그때 오들 씨가 조심스레 말했어요.

"저…, 혹시 팝콘은 전자레인지에 넣어서 돌려야 하는 거 아닌가요?"

"네? 전자레인지요?"

오들 씨는 봉지에 적힌 조리법을 기냥이에게 보여 주며 오들오들 설명했어요.

"먼저 팝콘 봉지를 잘 펴서 전자레인지 안에 넣고 2분 30초로 시간을 맞춰요. 그다음 시작 버튼을 꾹 누르면 팝콘이 톡, 톡, 톡, 끝! 아시겠죠?"

잠시 뒤 톡, 톡, 톡! 팝콘 튀겨지는 소리가 들려오기 시작했어요. 그러자 오들 씨는 왜 편의점으로 들어왔는지 퍼뜩 생각났어요.

"아차차! 실은 조, 조금 전에…."

오들 씨는 다른 올빼미들과 달리 캄캄한 밤을 무서워해요. 그래서 밤에 외출을 잘 하지 않지만 오늘은 특별히 집 밖을 나섰어요.

오들 씨가 정말 정말 좋아하는 매트맨 시리즈 2탄 '돌아온 매트맨' 영화가 개봉하는 날이거든요.

오들 씨가 극장 앞에 거의 다다랐을 때였어요. 누군가 따라오는 듯하더니 순간 등골이 오싹한 느낌이 들었어요. 걸음을 멈추고 조심스레 슬그머니 뒤를 돌아보는 순간…, 세상에! 무지무지하게 커다란 까만 무언가가 보이지 뭐예요!

　그래서 오들 씨는 덜덜 떨면서 24분 편의점으로 뛰어들었던 거랍니다.

　기냥이도 덩달아 겁에 질린 표정을 지었어요.

　"잠시 귀 좀…."

　오들 씨는 기냥이의 귀에 대고 조그마한 목소리로 속삭였어요.

으아악!

"극장에 귀신이 나온다는 소문을 들었거든요. 혹시 아까 제가 본 게 귀신 아닐까요?"

"헉! 설마요."

기냥이는 깜짝 놀라 앞발로 입을 막았어요.

"시커먼 게 덩치도 어찌나 큰지 온몸에 소름이 쫙 끼쳤다니까요."

"으아아악! 그만, 그만! 그만하세요!"

기냥이는 너무 무서워서 비명을 질렀어요.

"그래서 호신용 호루라기가 꼭 필요해요. 편의점에 있을까요?"

기냥이가 편의점 이곳저곳을 살펴봤지만 호루라기는 보이지 않았어요.

기냥이는 편사장에게 전화를 걸었어요.

"사장님, 편의점에 호신용 호루라기가 있어요?"

기냥이의 질문이 채 끝나기도 전에 편사장이 손전등 불빛으로 턱 아래를 비추며 뿅! 나타났어요.

"호루라기는 없지만 대신 이건 어떠신지?"

기냥이와 오들 씨는 소스라치게 놀라 서로 부둥켜안았어요.

"꺅! 사장님, 귀신인 줄 알았잖아요!"

"에구! 놀라게 했다면 미안하구나."

편사장이 손전등을 끄자 기냥이가 말했어요.

"실은 손님이 좀 전에 극장으로 오는데 시커멓고 커다란 귀신이 뒤따라왔대요!"

"에구머니! 귀신이라고?"

"정말이에요. 극장에 귀신이 나온다는 소문도 있대요!"

편사장은 잠시 골똘히 생각하다 오들 씨에게 질문을 던졌어요.

"손님, 아까 극장으로 올 때 가로등이 있었소?"

"아니요, 없었어요. 골목길이 어찌나 컴컴하던지 덜덜 떨면서 왔거든요. 아, 맞다! 극장 앞 커다란 나무 근처에는 조명 하나가 있었어요."

"아하! 그럼 빛이 없다가 생겼다는 말씀이구려."

"음, 그렇네요."

편사장은 감 잡았다는 표정으로 말했어요.

"에헴, 손님을 놀라게 한 정체는 귀신이 아니라 바로 손님의 그림자라오!"

"네? 제 그림자라고요?"

"그렇소. 빛이 나아가는 방향에 물체가 있으면 그 뒤쪽으로 그림자가 생긴다오."

오들 씨가 믿을 수 없다는 표정을 지었어요.

"하지만 그림자라고 하기에는 저보다 어마어마하게 컸는걸요."

"손님, 왜 그랬는지 제가 직접 보여 드리리다. 기냥아, 벽 가까이에 서 보려무나."

편사장은 편의점 전등불을 탁 끄더니 손전등으로 기냥이를 비추었어요.

기냥이의 그림자가 벽에 드리웠어요.

"기냥아, 이번엔 손전등 쪽으로 가까이 와 보렴."

기냥아, 벽 가까이에 서 보려무나.

냐옹!

기냥이가 손전등 쪽으로 다가갈수록 그림자는 점점 더 커졌어요.

"어머나! 그림자가 엄청 커졌어요!"

"바로 그거요. 그림자는 빛과 물체 사이의 거리가 가까울수록 커지고 멀수록 작아진다오. 이제 나무에 비친 그림자가 왜 손님보다 훨씬 컸는지 알겠소?"

"네, 사장님! 제가 하필 조명 가까이 서 있을 때 뒤돌아봐서 엄청 큰 그림자를 보았던 거군요. 그런 줄도 모르고 귀신인가 싶어 괜히 겁을 먹었네요!"

편사장은 손님에게 손전등을 건네주며 말했어요.

"손님, 이제 영화 시작할 시간이 다 됐다오. 손전등 가지고 어서 가 보시구려. 손전등을 켜면 깜깜해도 무섭지 않을 거요."

"손님, 팝콘도 챙겨 가세요. 영화 볼 때 팝콘이 빠지면 허전하니까요!"

"와, 정말 감사합니다!"

오들 씨는 이제 어둠이 무섭지 않았어요. 고소한 팝콘 냄새 덕분에 기분도 무척 좋아졌어요. 오들 씨는 손전등을 딸깍 켜고 힘차게 편의점을 나섰답니다.

할머니 또는 괴물

편사장은 편의점 문을 연 지 딱 24분이 되자마자 기다렸다는 듯 문을 꼭 닫았어요.

"흠, 이제 연구를 시작해 볼까?"

편사장은 편의점 거울 앞에 섰어요. 은비녀를 빼 들고 커다랗게 별을 그리며 "노별!" 하고 외쳤어요.

거울에 별이 반짝! 나타나더니 자동으로 스르르 열렸어요. 편사장은 거울 안에 있는 엘리베이터에 올라탔어요. 그러자 자동손들이 벽에서 나와 흰머리를 쭈욱, 옷을 쑤욱 잡아당기고 볼살도 마구 꼬집었어요. 어머나! 눈 깜짝할 사이에 편사장 할머니가 눈부시게 잘생긴 노별 박사로 변했지 뭐예요!

엘리베이터가 2층 비밀 연구실에 도착했어요.

"드디어 오늘이군!"

후후!

노별 박사는 중대한 실험을 앞두고 있었어요. 오늘은 뉴커져레이에 직접 들어갈 계획이었거든요. 노별 박사가 발명한 뉴커져레이는 물체를 넣었을 때 2배, 3배…, 원하는 만큼 커졌어요. 은비녀, 효자손, 양말 같은 물건뿐 아니라 눈곱, 코딱지, 머리카락 같은 사람 몸에서 나온 것들까지 차례차례 실험을 마쳤어요. 그리고 이제 드디어 아주 중요한 퍼즐을 맞출 때가 되었어요. 그건 바로 사람이었답니다!

"사람이 뉴커져레이에 들어가도 다른 물체들처럼 커진다는 걸 반드시 밝혀내고 말 거야."

그런데 미처 생각지 못한 문제가 떠올랐어요. 노별 박사가 뉴커져레이에 들어갔을 때 밖에서 버튼을 눌러 줄 누군가가 필요했던 거예요. 생각 끝에 기냥이를 비밀 연구소로 데려오기로 했어요.

노별 박사는 다시 편사장으로 변장했어요. 편의점 1층으로 내려가서 자고 있는 기냥이를 깨웠어요.

"기냥아! 기냥아!"

"아함…, 깜짝이야! 사장님, 오밤중에 웬일이세요?"

기냥이가 비몽사몽간에 대답했어요.

"잠을 깨워서 미안하지만 잠깐 도와다오."

기냥이는 눈을 비비며 일어나 편사장을 따라갔어요. 그리고 편사장이 거울 앞에서 "노별!" 하고 외치며 은비녀로 별 모양을 그리는 모습을 신기한 듯 바라보았어요. 그러자 놀랍게도 거울이 열리더니 비밀 엘리베이터가 나타나지 뭐예요.

기냥이의 눈이 휘둥그레졌어요.

"헉! 아직 꿈꾸는 중인가?"

편사장은 엘리베이터에 올라타자마자 버튼을 눌렀어요. "자동손 기능 꺼짐!" 음성이 흘러나왔어요. 그래서 변장하지 않고 2층 연구실에 도착했어요.

기냥이는 비밀 연구소 한가운데에 있는 뉴커져레이를 보는 순간 감탄을 연발했어요.

"우아, 이 기계 정말 정말 멋져요!"

"기냥아, 내가 기계 속에 들어가면 버튼을 딱 한 번만 눌러 다오. 절대 잊으면 안 돼. '딱 한 번만'이다!"

버튼을 한 번 누르면 2배로 커지고, 두 번 누르면 4배, 세 번 누르면 8배로 커지거든요. 그러니 누르는 횟수를 각별히 조심해야 해요.

"넵! 사장님, 걱정 마세요!"

기냥이는 자신만만하게 대답했어요. 버튼을 딱 한 번만 누르는 건 누워서 생선 먹기였으니까요.

편사장은 마침내 뉴커져레이 안으로 들어갔어요.

"사장님, 준비되셨어요?"

기냥이는 버튼 위에 앞발가락을 살짝 올려놓으며 콧구멍을 벌렁벌렁댔어요.

"그러니까 이 버튼을 기~~~냥! 한 번만 누르면 된다는 거죠?"

근데 이걸 어째요! "기~~~냥!"이라고 말하는 동안 너무 힘주는 바람에 버튼을 계~~~속 눌러 버렸지 뭐예요!

편사장이 점점 커지고 커지더니 지붕을 뚫고 하늘 위로 쭉, 쭉, 쭉 올라갔어요.
"아이고! 세상에! 이럴 수가!"

편사장은 너무 당황스러웠어요. 무엇보다 맨붕 박사 일당이 행여나 이 모습을 봤을까 봐 무척 걱정스러웠어요.

편사장이자 노별 박사는 잠시 고민하다 해결책을 찾기 위해 이름 이행시로 램을 불렀어요. 그러면 마법처럼 걱정이 사라지며 해결책이 떠오르곤 했거든요.

"노! 노노노노노. 별! 별빛뿐이야."

별빛 말고는 아무것도 없으니 괜찮을 거란 뜻이었어요. 역시 마음을 진정시키는 데에는 이행시가 최고였어요. 목격자가 절대로 없을 거라고 생각하니 걱정이 사르르 풀렸어요.

하지만 바로 그때 팥붕과 슈붕이 커다란 아름드리나무 뒤에 숨어서 이 장면을 보고 있었어요. 밤눈이 안경을 쓴 채 24분 편의점을 몰래 지켜보는 중이었거든요.

쌍둥이 형제는 너무 놀라서 입이 떡 벌어졌어요.

"헉! 저, 저, 저, 거대한 건 뭐지?"

"아악! 괴, 괴, 괴, 괴물이다!"

"밤눈이 안경으로 찍고 도망가자!"

쌍둥이 형제는 밤눈이 안경으로 찰칵찰칵 사진을 찍고는 걸음아 날 살려라 하고 달아났어요.

작아져라, 반사 반사

"실험 대성공! 뉴커져레이는 사람도 얼마든지 키우는군! 그런데 어떻게 원래 크기로 돌아가지?"
편사장은 곰곰이 생각에 잠겼어요.
"흠, 작아져레이에 직접 들어가는 수밖에 없는데…."

흠…, 어떡하지?

작아져레이는 섬마을에 갔을 때 커져레이 위로 날벼락이 떨어져 발명하게 되었어요. 광선을 쪼이면 점점 작아져서 작아져레이라고 이름 붙였어요.

하지만 편사장의 몸이 어찌나 거대해졌는지 작아져레이에 다리 하나조차 넣기도 힘들었어요.

"아, 이를 어쩐다…."

그때 기냥이의 목소리가 저 아래에서 들려왔어요.

"사장님, 밥 먹고 해요!"

기냥이가 숟가락을 번쩍 들고는 뻥 뚫린 지붕 구멍 사이로 얼굴을 쏘옥 내밀었어요.

"기냥아, 지금 밥 타령 할 때가 아니란다."

"사장님, 그게 무슨 말씀이세요. 속이 든든해야 좋은 생각도 나는 법이랍니다."

순간 기냥이가 들고 있는 반짝반짝 숟가락에 편사장의 얼굴이 비쳤어요.

"숟가락에 얼굴이 비치니 마치 거울 같네그려. 거울? 저런, 잠깐만! 그래, 바로 그거야!"

편사장은 뭔가 좋은 생각이 났는지 무릎을 탁 쳤어요.

"기냥아, 역시 넌 천재로구나!"

"제가요? 하긴 제가 밥 먹는 거 하나는 기가 막히게 잘 챙기는 '밥 천재'이긴 하죠. 냐옹!"

기냥이가 우쭐거리며 어깨를 으쓱했어요.

"사장님, 근데 왜 숟가락이 거울 같다는 거예요?"

기냥이는 숟가락을 코앞에 갖다 댔어요.

"어, 진짜네? 제 얼굴이 숟가락에 비쳐요!"

편사장은 숟가락을 요리조리 보며 즐거워하는 기냥이에게 커다란 거울을 건넸어요.

"기냥아, 잘 들으렴. 작아져레이의 문을 활짝 열고 작동시키면 빛이 밖으로 나올 거란다. 그 빛이 나에게 오도록 거울로 반사시켜 주겠니?"

편사장은 빛이 거울면에 부딪치면 반대 방향으로 튕겨 나가는 성질을 이용하려는 생각이었어요.

"빛은 거울에 들어갈 때랑 반사되어 나올 때의 각이 같다는 걸 명심하렴."

"네, 사장님!"

기냥이는 빛을 잘 반사시킬 수 있는 각도를 찾은 뒤 작아져레이의 작동 버튼을 눌렀어요!

"반사! 반사! 작아져랏! 작아져랏!"

기냥이가 커다란 거울을 요리조리 움직이자 거울에 반사된 작아져레이 빛이 편사장의 거대한 몸에 팍팍 꽂혔어요.

이윽고 편사장의 몸이 점점 작아지기 시작했어요. 거울 반사 아이디어가 딱 통한 거예요!

"후유, 다행이구나. 십년감수했지 뭐냐!"

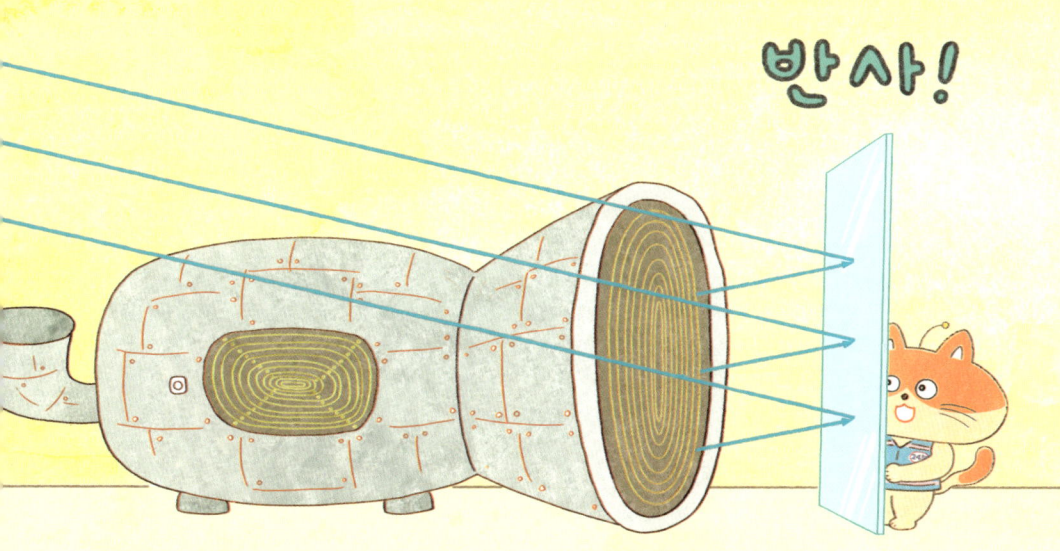

한편 팥붕과 슈붕은 맨붕 박사에게 급히 소식을 알렸어요.

"맨붕 박사님! 찾았어요! 편사장을 찾았다고요!"

"근데 편사장은 노별 박사가 아니라 괴, 괴물이었어요. 아니…, 노별 박사가 괴물인가?"

팥붕과 슈붕은 너무 놀란 나머지 횡설수설했어요.

"괴물이라니 대체 무슨 소리야! 너희들 괴물 만화 영화를 너무 많이 봐서 헛것이 보이는 거 아냐?"

"아니에요, 진짜 봤어요! 아, 맞다! 괴물을 보고 놀라서 도망가다 찍은 사진이 있어요!"

팥붕이 맨붕 박사에게 사진을 보냈어요.

"이 사진을 보면 저희들 말을 믿으실 거예요. 어때요, 맞죠?"

그런데 초점이 흔들리고 부분만 찍혀서 뭘 찍은 건지 도무지 알 수가 없었어요.

"이게 괴물이라고? 사진 잘못 보낸 거 아냐?"

맨붕 박사의 말에 둘은 고개를 갸우뚱했어요.

"어, 이상하다. 우리가 뭘 잘못 봤나?"

"그러게. 잠깐 졸다가 꿈을 꾼 건가 봐."

맨붕 박사는 한숨을 깊이 내쉬곤 소리쳤어요.

"후유! 팥붕, 슈붕! 괴물 타령 그만하고 당장 노별 박사 찾으러 가지 못해! 어서!"

이내 잔뜩 구겨진 맨붕 박사의 모습이 지지직 소리와 함께 슝! 사라졌어요.

"이 밤눈이 안경, 완전 실망인데? 이상한 것만 잔뜩 보이고 찍고 말이야!"

"에잇! 차라리 쓰지 말자. 맨눈이 낫겠어."

팥붕과 슈붕은 밤눈이 안경을 홱 벗어 던지고 다시 24분 편의점을 감시하러 갔답니다.

귀신이 나타났다

요즘 마을에서는 '돌아온 매트맨'이 뜨거운 화제였어요. 너굴 씨가 친구 오들 씨에게 말했어요.

"'돌아온 매트맨'이 그렇게 재밌다며?"

"응, 나도 무척 재미있게 봤어. 너도 꼭 봐."

"그러고 싶긴 한데…. 극장에 귀신이 나온다는 소문 때문에 무서워서 못 가겠어."

"모두 헛소문이야. 귀신의 털끝도 못 봤거든?"

오들 씨가 앞날개를 저으며 대답했어요.

"앗, 정말이야?"

"그렇다니까! 나만 믿어! 그러지 않아도 한 번 더 보러 갈 생각이었는데, 같이 갈래?"

"좋아! 이따 저녁에 만나자!"

영화가 재밌다는 소문이 온 마을에 쫙 퍼진 덕분에 극장이 오랜만에 북적북적했어요.

"용용아! 정말 오래간만이야."

"오! 헐랭아, 반가워! '돌아온 매트맨'이 엄청 재밌다길래 보러 왔어."

용용 씨와 헐랭 씨가 반갑게 인사했어요.

"여기 오니까 예전 생각이 새록새록 떠오르는걸! 극장 앞에서 기념사진도 찍었잖아."

"맞아, 예전엔 극장에 자주 왔었는데…."

"참! 영화 볼 땐 팝콘 먹어야지. 하나 살까?"

그때 오들 씨가 불쑥 끼어들었어요.

"여러분, 극장 앞에 편의점이 새로 생긴 거 아세요? 팝콘을 사면 마구마구 돌려 줘요."

"하하! 재미있네요. 용용아, 우리도 가 보자."

모처럼 극장에 온 주민들이 편의점으로 우르르 몰려갔어요. 팝콘이랑 다른 간식거리랑 음료수를 잔뜩 사 갔답니다.

잠시 뒤 재미극장 대표 한루미 씨가 말했어요.

"곧 영화가 시작됩니다. 모두 안으로 들어오세요!"

한루미 대표는 정말 오랜만에 극장이 북적북적대자 입가에 미소가 떠나지 않았어요.

하지만 쓰레기를 치우고 있던 깔끄미 씨의 표정은 어째 탐탁지 않아 보였어요. 마치 극장에 관객이 몰려드는 게 반갑지 않은 것처럼요.

　드디어 영화가 시작되었어요. 우스운 장면이 나오자 관객들은 낄낄대며 배꼽을 잡았어요. 하지만 곧 영화는 점점 공포 분위기로 변해 갔어요.
　주인공은 캄캄한 복도를 조심조심 걸어가고 있었어요. 발걸음을 옮길 때마다 마룻바닥에서 삐걱삐걱 소리가 나지 뭐예요. 지하실로 연결된 문은 당장이라도 뭔가가 뚫고 나올 것처럼 덜컹덜컹댔어요.
　관객들은 숨을 죽인 채 다음 장면을 기다렸어요.

그때 스크린이 퍽! 하고 꺼지더니 온통 깜깜해졌어요. 그리고 소름 끼치는 웃음소리가 극장 안에 울려 퍼졌어요.

이히히히

괴상한 형체가 천장에 거꾸로 매달린 채 긴 머리를 치렁치렁 늘어뜨린 모습으로 흔들거렸어요!

"으아악!"

"꺄악! 귀신이다!"

깜짝 놀란 관객들은 마구 소리를 지르며 극장 밖으로 달아났어요. 그러자 귀신이 "같이 가! 같이 가!" 하며 손을 마구 휘저었어요.

순식간에 극장 안은 아수라장이 되었어요!

극장에 귀신이 나타났다는 소문을 듣고 기자들이 어느새 취재하러 왔어요.

"귀신이 어떻게 생겼나요?"

"여자인가요, 남자인가요?"

"피를 흘리고 있었나요?"

관객들은 여전히 놀란 가슴을 진정시키지 못한 채 간신히 대답했어요.

"귀신을 보자마자 도망쳐서 자세히 보진 못했어요. 확실히 기억나는 건 귀신이 머리카락을 길게 늘어뜨린 채 거꾸로 매달려 있었다는 것 정도예요."

"'같이 가! 같이 가!' 하며 따라오는데 정말 온몸에 소름이 쫙 끼쳤다니까요!"

이 소식은 뉴스에 크게 보도되어 온 마을에 쫙 퍼졌어요. 주민들은 극장 앞에서 팻말을 들고 항의했어요.

"귀신 극장! 공포 극장! 당장 폐쇄가 답!"

"공포 극장 무서워요!"

한루미 대표는 눈물을 글썽이며 주민들을 설득하려고 애썼어요.

"귀신이라니요? 얼토당토않습니다. 틀림없이 잘못 보거나 착각하신 거예요."

"아니, 그 많은 관객들이 동시에 헛것을 봤단 말이에요?"

"뭔가 잘못된 게 틀림없어요. 경찰이 조사를 시작했으니 결과가 나올 때까지 조금만 기다려 주세요."

하지만 마을 주민들은 흥! 콧방귀를 뀌었어요. 아무도 한루미 대표의 말을 믿어 주지 않았답니다.

영사실의 비밀

기냥이가 호들갑을 떨며 편사장에게 말했어요.

"사장님, 이럴 줄 알았어요. 극장에 귀신이 나온다는 소문은 진짜였다니까요."

"뭐? 진짜 귀신이 나왔다고?"

"네! 계속 뉴스에 나오고 있는데 못 보셨어요?"

편사장은 바로 텔레비전을 켰어요.

"흠…, 귀신이 거꾸로 매달려 있었다니 뭔가 수상하구나. 직접 현장에 가 봐야겠어."

편사장은 기냥이와 함께 극장으로 갔어요.

찰랑찰랑 단발머리 아저씨 직원이 영화표를 확인했어요. 어디서 본 듯한 낯익은 얼굴이었어요.

"어서 오세요. 몇 분이신가요?"

"두 명이요."

"저를 따라오세요."

직원은 무척 상냥하게 자리로 안내해 주었어요.

"이 자리입니다. 즐겁게 관람하세요."

직원은 꾸벅 인사하더니 이내 사라졌어요.

"무척 친절한 직원이시구나."

"네. 청소부 아저씨와 완전 딴판인데요?"

편사장은 기냥이에게 귓속말로 소곤댔어요.

"기냥아, 영화를 보다가 혹시 귀신이 나타나면 엄청 놀란 척해 주렴."

"네? 놀란 척이라뇨? 기~냥 놀라서 바로 기절할 텐데요!"

기냥이는 콧구멍을 한껏 벌렁거리며 말했어요.

"하여튼 최대한 무서워하는 반응을 보여 다오. 특히 비명을 크게 질러야 한단다. 꽥꽥! 알겠지?"

"네, 전 오리가 아니지만…. 걱정 마세요!"

기냥이는 큼큼 목청을 가다듬었어요.

"냐옹! 꽥꽥! 아에이오우~!"

기냥이가 큰 소리로 목청을 가다듬자 편사장이 옆구리를 쿡 찔렀어요.

"쉿! 조용!"

 드디어 영화가 시작되었어요. 처음엔 재미난 이야기로 흐르는가 싶었는데 갑자기 공포스러운 분위기가 되었어요. 그런데 갑자기 영화가 퍽! 하고 중단되더니 온통 캄캄해졌어요. 그때 귀신이 대롱대롱 거꾸로 매달린 채 스크린 앞에 나타나 "이히히히!" 끔찍한 웃음소리를 냈어요.

"꽤애애애애애액!"

기냥이는 온 힘을 다해 소리를 질렀어요. 귀신을 보자마자 절로 털이 쭈뼛쭈뼛 서고 온몸이 덜덜 떨려 왔거든요. 기냥이는 그 와중에도 편사장의 당부를 떠올리며 더 최선을 다해 찌렁찌렁 비명을 질러 댔어요.

그사이 편사장은 슬쩍 영사실로 갔어요.

영사실이 뭔가 수상해.

편사장은 영사실 문을 연 순간 흠칫 놀랐어요. 머리카락이 하늘로 길게 솟은 가발을 쓰고 하얀 소복을 입은 사람이 온몸을 양옆으로 흔들고 있었거든요.

"에구머니나! 지금 여기서 뭐 하는 거요?"

"에구머니, 깜짝이야!"

가발을 쓴 사람은 도망가다 치맛자락을 밟고 삐끗했어요. 그 바람에 가발이 훌렁 벗겨졌지 뭐예요.

"아니…, 당신은 깔끄미 씨?"

세상에! 어처구니없게도 이 모든 소동의 범인은 깔끄미 씨였던 거예요.

편사장은 바로 극장 밖에서 문 닫으라며 항의하고 있는 주민들에게 말했어요.

"여러분, 이 극장에 귀신 따윈 없다오! 귀신 소동은 다 깔끄미 씨가 꾸며 낸 일이었소!"

"아니, 그게 무슨 말씀이에요? 우리가 두 눈으로 똑똑히 봤는데요."

"내 말을 못 믿겠으면 모두 따라와 보시구려."

편사장은 주민들을 데리고 영사실로 갔어요. 그곳엔 깔끄미 씨가 고개를 푹 숙인 채 서 있었어요. 바닥엔 귀신 가발과 하얀 소복이 놓여 있었고요.

"보시다시피 귀신의 정체는 깔끄미 씨였다오. 이 귀신 가발과 하얀 소복이 바로 그 증거요!"

"흥! 하지만 도저히 이해가 안 돼요!"

"맞아요! 어떻게 거꾸로 매달려 있었냐고요!"

"에헴, 그건 카메라에 상이 맺히는 원리만 이해하면 금방 알 수 있다는 말씀! 자, 모두 관람석으로 가서 앉아 보겠소? 직접 보여 드리리다."

주민들은 모두 우르르 관람석으로 가서 앉았어요.

기냥이는 영사실에서 귀신 가발을 쓰고 하얀 소복을 입었어요. 그러고는 "냐오오옹 히히히!" 소리 내며 고양이 귀신 흉내를 냈어요. 그러자 캄캄한 영화관의 스크린 앞에 기냥이 귀신이 나타났어요!

"어머, 정말이네! 어쩜 공상 영화 같은 일이…!"

주민들은 두 눈을 비비고는 믿을 수 없다는 듯 고개를 가로저었어요.

"여러분, 이건 공상 영화가 아니라 과학이라오. 깔끄미 씨는 이렇게 한 거요. 영화가 시작되기 전에…"

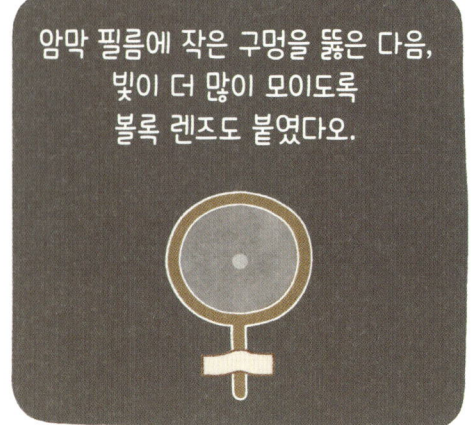

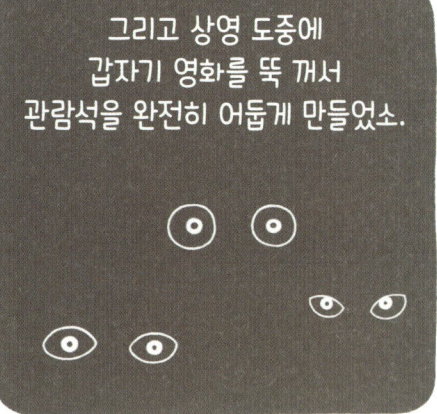

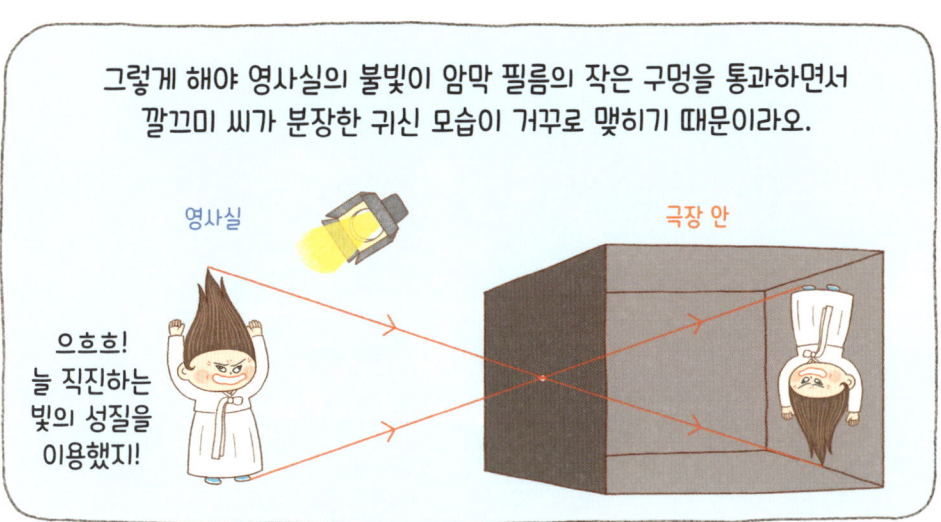

주민들은 깔끄미 씨에게 잔뜩 화가 났어요.

"대체 왜 이런 일을 꾸민 거죠?"

깔끄미 씨가 눈물을 뚝뚝 흘리며 말했어요.

"죄송합니다. 돈이 필요해서 그만…."

알고 보니 아름드리나무 밑에서 깔끄미 씨에게 몰래 봉투를 건넸던 사람은 건설업자였어요. 한루미 대표가 절대 극장을 팔지 않겠다고 하자, 깔끄미 씨에게 귀신 소동을 벌이라고 시켰던 거예요. 귀신이 나타나면 극장이 폐업하게 될 거고, 그러면 싼값에 사들여 대형 쇼핑몰을 지을 작전이었어요.

깔끄미 씨가 사실을 밝히자 곧 경찰이 출동해 데려갔어요. 다행히 귀신 소동은 끝이 났답니다!

주민들은 안도의 숨을 쉬며 집으로 돌아가려고 뒤돌아섰어요. 아차차! 그런데 편사장이 비녀가 떨어져 주우려고 몸을 휙 숙이는 순간, 그만 흰머리 가발이 홀렁 벗겨졌지 뭐예요! 안경도 톡 떨어지는 바람에 정체가 드러났어요.

결국 주민들이 노별 박사를 보고 말았어요.

"어머나! 저 사람 누구더라? 어디서 봤는데…?"

"혹시 행방불명되었다던 천재 과학자 아니에요?"

"맞아요, 텔레비전에서 봤던 그 사람! 이름이…, 별나던가? 안별나던가? 그랬는데…."

"혹시…, 노별 박사?"

노별 박사를 알아본 누군가가 얼른 맨붕 박사에게 제보 전화를 걸었어요.

"여보세요? 여기 재미극장 앞인데, 방금 노별 박사를 봤어요."

또다시 부릉부릉

 재미극장의 한루미 대표가 편사장에게 정중히 인사하며 감사의 마음을 전했어요.
 "진실을 밝혀 주셔서 정말 감사합니다. 편사장님이 아니었으면 극장 문을 닫았을 거예요."
 "아유, 별말씀을! 과학이 다 한 거라오."
 한루미 대표의 칭찬에 편사장은 손사래를 쳤어요.

"저는 아버님의 유언대로 꿋꿋이 극장을 지켜 낼 생각이에요. 그래서 이번 기회에 주민들이 더 많이 올 수 있도록 극장을 재탄생시켜 볼 계획입니다. 영화뿐만 아니라 차도 마시고 전시회도 열리는 복합 문화 공간으로요."

"에구, 정말 멋진 생각이군요! 저도 응원하리다."

"이 극장은 저나 우리 가족들만의 극장이 아니거든요. 지금까지 극장을 지킬 수 있었던 건 함께한 직원들의 힘이 컸어요. 참 감사한 일이지요."

끝까지 저와 함께해 주신 분들이에요.

"아, 그렇군요. 극장에 몇 분의 직원이 계시오?"

"세 분이 계셨는데 안타깝게도 두 분은 얼마 전에 돌아가셨어요. 깔끄미 씨마저 잡혀갔으니 이젠 아무도 안 계시네요."

순간 편사장과 기냥이는 섬뜩한 기분이 들었어요.

"그럴 리가…. 그럼 아까 안내한 분은 누구요?"

"네? 누가 안내했다는 건가요?"

"분명히 영화표를 확인하고 자리까지 무척이나 친절하게 안내해 준 직원이 있었소. 찰랑찰랑 단발머리였다오."

"직원이라면 깔끄미 씨밖에 없었는데 대체 누굴 말씀하시는 건지…."

그때 기냥이 머릿속에 얼굴 하나가 번뜩 스쳐 지나갔어요.

"꺄악! 사진 속 그 분!"

"기냥아, 왜 그러는 거냐?"

"어쩐지 단발머리 아저씨가 낯익더라고요. 직원들이 영사실에 모여서 찍은 옛날 사진에 있었거든요."

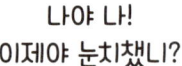

나야 나! 이제야 눈치챘니?

"아아아아아악!"

편사장은 기냥이보다 더 소스라치게 놀라더니 부리나케 줄행랑쳤어요.

"사장님, 혼자 가시면 어떡해요!"

편사장과 기냥이는 얼른 편의점 버스에 올라타 부릉부릉 시동을 걸었어요. 정체가 드러난 데다 혹시라도 귀신이 따라올까 봐 겁이 났거든요.

쉿! 24분 편의점이 다른 곳으로 떠났다는 건 비밀이에요. 특히 팥붕과 슈붕에게는 절대로 알리지 않기로 약속해요.

다음엔 또 어떤 곳에서 24분 편의점의 문을 열게 될까요? 주위에 작은 간판이 달린 버스 편의점이 없나 두리번두리번 살펴보세요.

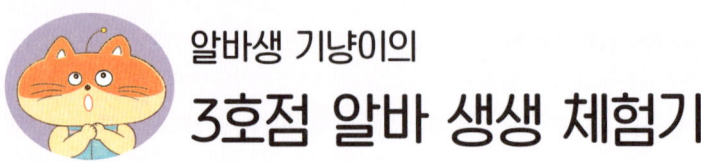
알바생 기냥이의
3호점 알바 생생 체험기

친구들은 어떤 영화를 좋아해?

난 요즘 영화관에 자주 간단다. 실은 영화보다 달콤 고소한 팝콘이 넘 맛있거든. 앗! 그런데 난 24분 편의점이 재미 극장 앞에서 문을 열었을 때 엄청난 실수를 하고 말았어. 뉴커져레이의 버튼을 한참 동안 기~~냥 누르는 바람에 편사장님이 괴물처럼 마구마구 커지셨거든. 하마터면 원래대로 돌아오지 못할 뻔했지 뭐야! 그 실수를 잊고 싶은데 자꾸만 떠올라서 이불 킥! 하게 돼. 혹시 친구들은 어떤 실수를 했을 때 나처럼 힘들었어?

그래도 이번 실수를 통해 배운 것도 있어. 믿기 어려운 상황에서도 편사장님처럼 포기하지 않고 끝까지 노력해야 한다는 것! 그리고 긍정적으로 생각하면 새로운 방법을 찾을 수 있다는 것도 말이야.

편사장님처럼 랩을 부르니 기운이 나서 내 이름으로도 만들어 봤어. 들어 볼래?

"**기!** 기운 내. **냥!** 냥이야. 기냥 힘내면 기냥 좋은 일이 생길 거야!"

어때? 음, 난 아주 마음에 들어! 친구들도 자기 이름으로 랩을 만들어 불러 보렴.

생각해 보니 칭찬받은 일도 있었어. 너무 배고파서 숟가락 들고 "밥 먹고 해요!"라고 말했을 뿐인데 천재라고 칭찬해 주셨거든. 내 숟가락 덕분에 거울 반사 기법을 떠올릴 수

있었다고 말이야. 어려운 문제를 푸는 데 나도 조금은 역할을 한 것 같아 어깨가 으쓱해!

그리고 무엇보다 매일 쓰는 숟가락에 '빛의 반사'라는 과학 원리가 숨어 있을 줄은 생각도 못했어! 우리가 일상생활에서 쓰는 물건에도 신기한 과학이 숨어 있다니, 정말 흥미진진하지 뭐야. 친구들도 호기심을 가지고 보면 주변에서 얼마든지 새로운 사실을 발견할 수 있다는 거 잊지 마.

24분 편의점은 3호 극장점의 영업을 끝내고 다른 곳으로 가고 있어. 편사장님이 귀신이 따라올까 봐 어찌나 서두르시는지 정들었던 주민들에게 인사도 제대로 못 하고 떠났지 뭐야. 4호점에서는 친구들에게 더 많은 재미와 과학을 선물해 줄 테니까 꼭! 잊지 말고 찾아와 줘. 친구들의 과학 호기심이 가득가득 채워지는 그날까지! 24분 편의점은 매일 알차게 24분 동안 문을 열 거란다. 그럼 또 만나!

밥 먹고 해요, 밥 천재 알바생
기냥이가

맛있게 과학을 즐기는 법

# 꿀잼 보장!

1. 《24분 편의점》 3호 극장점을 재미나게 읽으며 과학 지식을 충전해요!

- 맨붕 박사 과학 퀴즈
- 밤눈이 적외선 카메라 안경
- 그림자 귀신의 정체 밝히기
- 밥 천재 기냥이와 숟가락 거울
- 카메라 옵스큐라 극장 귀신 대소동

2. 과학 교과서와 함께 읽어요!

[5학년 1학기] 2. 빛의 성질

3. 교과서를 벗어나 다양한 과학 호기심을 채워요!

- 눈으로 어떻게 물체를 볼 수 있나요?
- 적외선 카메라로 어떻게 밤에도 볼 수 있나요?
- 전자레인지는 어떻게 음식을 데울까요?
- 왜 숟가락은 거울처럼 얼굴이 비쳐 보일까요?

24분 편의점

❸호 극장점 그림자 귀신 대소동

초판 1쇄 인쇄일 2025년 11월 20일 | **초판 1쇄 발행일** 2025년 12월 10일
지은이 김희남 | **그린이** 이유진 | **펴낸이** 유성권 | **편집장** 심윤희 | **편집** 유옥진 한지희 김유림 이수빈 | **디자인** 이지인
마케팅 김선우 강성 최성환 박혜민 김현지 | **홍보** 김애정 임태호 | **제작** 장재균 | **관리** 김성훈 강동훈
펴낸곳 (주)이퍼블릭 | **출판등록** 1970년 7월 28일(제1-170호) | **주소** 서울시 양천구 목동서로 211 범문빌딩
전화 02)2651-6121 | **팩스** 02)2651-6136 | **홈페이지** safaribook.co.kr | **카페** cafe.naver.com/safaribook
인스타그램 @safaribook_ | **페이스북** facebook.com/safaribookskr | **블로그** blog.naver.com/safaribooks

ⓒ김희남, 이유진 2025
ISBN 979-11-7515-954-9 73400

* 책값은 뒤표지에 있습니다.
* 이 책의 내용 일부 또는 전부를 재사용하려면 반드시 저작권자와 (주)이퍼블릭 양측의 동의를 얻어야 합니다.
* 사파리는 (주)이퍼블릭의 유아·아동·청소년 출판 브랜드입니다.

KC마크는 이 제품이 공통안전기준에 적합하였음을 의미합니다.
제조자명 : (주)이퍼블릭(사파리) 제조국명 : 대한민국 사용 연령 : 8세 이상
종이에 베이거나 모서리에 다치지 않게 주의하세요.

24 편의점 깜짝 쿠폰

24분 편의점에서 발급한 쿠폰으로 다양한 과학 지식을 충전해 보세요.

팝콘처럼 톡톡 튀는 지식이 공짜!
과학 충전권 ❶

팝콘처럼 톡톡 튀는 지식이 공짜!
과학 충전권 ❷

팝콘처럼 톡톡 튀는 지식이 공짜!
과학 충전권 ❸

깜짝 쿠폰은 잃어버리지 말고 소중히 보관해 줘!

적외선이란?

적외선은 사람의 눈으로 볼 수 없는 전파예요. 사람이나 동물, 자동차 등 열을 가진 모든 것에서 나오지요. 적외선 카메라는 밤이 되어 빛이 사라져도 특별한 센서로 사람이나 동물, 자동차 등에서 나오는 따듯한 열을 알아채 색깔로 보여 줘요. 따듯한 정도에 따라 빨강, 주황, 파랑 등으로 보인답니다.

전자레인지는 어떻게?

전자레인지는 눈에 보이지 않는 '마이크로파'를 이용해서 음식을 데우는 장치예요. 마이크로파는 음식물에 침투하여 음식물 속에 들어 있는 물 분자를 마구 떨리게 하여 열을 발생시키죠. 물 분자가 1초에 24억 5000만 번이나 진동을 하니, 음식이 빠르게 데워질 수밖에 없겠죠?

숟가락이 거울이라고?

숟가락은 매끄럽고 반들반들해서 거울처럼 빛이 나란히 들어갔다가 나란히 나오는 정반사를 해요. 그래서 우리의 얼굴 모습이 또렷이 비치는 거예요. 이때 숟가락의 뒤쪽은 얼굴이 작고 동그랗게 비치는 볼록 거울, 숟가락의 앞쪽은 얼굴이 거꾸로 비치는 오목 거울이라고 할 수 있답니다.